Ostereier bemalen und gestalten hat eine lange Tradition in Deutschland, kaum ein Ostertisch kommt ohne die bunten Farbtupfer aus. Neben der Optik ist aber auch das Bemalen und Basteln selbst ein riesen Spaß für die ganze Familie!

In diesem Buch finden Sie freche Hasen, niedliche Küken, edle Varianten mit Blattgold oder schlichte Eier im Handlettering-Stil. Da ist sicher für jeden etwas dabei. Lassen Sie sich überraschen!

Ein fröhlich-bunte Osterzeit wünscht Ihnen

Pia Deges

Lustige Monster

in Feierlaune

MOTIVHÖHE
ca. 6 cm

MATERIAL
- 7 Eier in Weiß
- Lebensmittelfarbe in Blau, Grün, Gelb, Rot und Pink
- Essig
- Klebepunkte, ø 7, 9, 12 und 19 mm
- Permanentmarker in Schwarz, Weiß, Pink und Rot
- Heißkleber
- Fotokartonreste in Rosa, Gelb, Hellgrün und Blau
- Papierstrohhalm
- Schraubdeckel in Pink
- Spielzeugzylinder

VORLAGE
Seite 47

1 Sieben weiße Eier zunächst kochen und anschließend mit verschiedenen Lebensmittelfarben in Essigwasser färben.

2 Die Eier auf einem Stück Küchenkrepp trocknen lassen. Die Augen mit Klebepunkten aufkleben. Für die abstehenden Augen von einem Papierstrohhalm zwei je 4 cm lange Stücke abschneiden und die Klebepunkte als Augen jeweils auf eines der Enden kleben. Das jeweils andere Ende der Strohhalme mit Heißkleber am Ei befestigen.

3 Mit Permanentmarker Münder, Zähne, Haare und andere Gesichtszüge aufmalen. Die Ohren und Accessoires der Monster nach Vorlage aus Fotokartonresten zuschneiden, einen ca. 3 mm großen Steg umfalten und mit Heißkleber aufkleben. Zum Schluss die Hüte aufkleben.

Oster-Autorennen

mit Häschen und Küken

MOTIVHÖHE
ca. 6 cm

MATERIAL
- 3 weiße Eier
- Acrylfarbe in Hellblau, Gelb und Pink
- Masking Tape in Grün, Rot und Gelb, 5 mm breit
- Prickelnadel
- Klebepunkte mit Zahlen, ø 13 mm
- Klebestift
- Heißkleber
- Fotokartonreste in Schwarz und Weiß

VORLAGE
Seite 46

1 Zuerst seitlich ein kleines Loch mit der Prickelnadel in das Ei stechen und das Loch dann vorsichtig zu einer 3 cm x 4 cm großen Öffnung aufbrechen.

2 Die Eier mit Acrylfarbe bemalen und zum Trocknen am besten auf Schaschlikspieße stecken.

3 Für die Reifen nach Vorlage vier Kreise aus schwarzem Fotokarton und vier Kreise aus weißem Fotokarton ausschneiden und diese übereinander kleben. Die Räder anschließend seitlich mit Heißkleber an den Eiern befestigen. Achten Sie dabei darauf, dass die Räder in gleichen Abständen am Ei befestigt sind und die Autos später stehen können.

4 Das Masking Tape der Länge nach um das Ei kleben. Die Zahlenaufkleber auf die Vorderseite der Eier-Autos kleben. Verzieren Sie die Eier mit einem Deko-Huhn und Hasen und das Rennen kann losgehen!

Schwarz-Weiß-Look

schlichte Osterdeko

MOTIVHÖHE
ca. 6 cm

MATERIAL
- hartgekochte Eier in Weiß
- Buchstabennudeln
- Farbspray in Schwarz
- Tafelfarbe in Schwarz
- Kreide in Weiß
- Bastelkleber
- Zeitschriften
- Pinzette
- Klebestift
- Bleistift
- Fineliner in Schwarz
- Brushliner in Schwarz
- gemustertes Masking Tape in verschiedenen Stärken

VORLAGE
Seite 46

1 Stellen Sie sich verschiedene Worte oder Sprüche aus Buchstabennudeln zusammen und besprühen Sie die Nudeln mit Farblack in Schwarz. Befestigen Sie die Buchstaben anschließend mithilfe einer Pinzette und etwas Bastelkleber auf den Eiern.

2 Aus Zeitungen und Zeitschriften verschiedene Buchstaben ausschneiden und zu Worten legen. Die Buchstabenschnipsel mit einem Klebestift auf die Eier kleben.

3 Mit Fine- und Brushlinern lassen sich Sprüche und Muster auch direkt auf das Ei aufmalen. Zeichnen Sie das gewünschte Motiv hierfür zuerst mit einem Bleistift vor und übermalen Sie es dann mit den Stiften in Schwarz.

4 Das Masking Tape in verschieden dünne und lange Streifen schneiden und auf die Eier kleben.

5 Drei hartgekochte Eier mit schwarzer Tafelfarbe bemalen. Dafür das Ei ringsherum streichen und anschließend gut trocknen lassen. Legen Sie das Ei zum Trocknen auf ein Stück Styropor®, in das Sie zuvor kreisförmig vier Zahnstocher stecken, die das Ei halten. So trocknet die Tafelfarbe schön gleichmäßig und das Ei hat später keine Flecken. Nun können Sie die Eier nach Belieben mit Tafelkreide in Weiß verzieren oder Motive aufmalen.

Mein Tipp für Sie

Aufgedruckt Mit Buchstabenstempeln und einem schwarzen Stempelkissen können Sie auch Wörter oder Wortspiele auf Eier stempeln.

Muster-Offensive

mit Masking Tape dekoriert

MOTIVHÖHE
ca. 6 cm

MATERIAL
- 12 hartgekochte Eier in Weiß
- Masking Tape in Neontönen
- Cuttermesser
- Schneideunterlage
- Lineal

1 Das Masking Tape in verschiedenen Breiten, Farben und Mustern straff auf die hartgekochten und abgekühlten Eier kleben. Für besonders schmale Streifen kleben Sie ca. 15 cm lange Stücke des Masking Tapes auf eine Schneideunterlage und schneiden diese mit einem Lineal und einem Cuttermesser in 3 mm breite Streifen.

2 Kleben Sie die Masking Tape-Streifen längs, quer oder ringsherum um die Eier, sodass ein grafischer Look entsteht. Durch den Farb- und Mustermix entsteht so ein ganz außergewöhnlicher Osterschmuck.

Mein Tipp für Sie

Variation Sie können auch eine komplette Ei-Hälfte mit einem geometrisch-gemusterten Masking Tape bekleben oder verschiedene Masking Tapes miteinander kombinieren.

Käfer und Libellen

das große Krabbeln

MOTIVHÖHE
ca. 6 cm

MATERIAL
- 7 hartgekochte Eier in Weiß
- Tattoo-Folie
- Laserdrucker
- Küchentuch

1 Die Eier zunächst in kochendem Wasser hart kochen und abkühlen lassen.

2 Mit einem Laserdrucker nach Anleitung verschiedene Käfer-, Bienen- und Libellenmotive auf Tattoo-Folie drucken.

3 Die einzelnen Motive oval ausschneiden und nacheinander für ca. 1 Minute in ein kleines Schälchen mit warmem Wasser legen.

4 Die Tattoos samt Trägerpapier herausnehmen und vorsichtig vom Trägerpapier auf das Ei gleiten lassen. Die Falten des Tattoos mit einem Küchentuch vorsichtig glätten, das Tattoo andrücken und kurz abtrocknen. Die beklebten Eier nochmals für ca. 1 Stunde liegen und vollständig trocknen lassen.

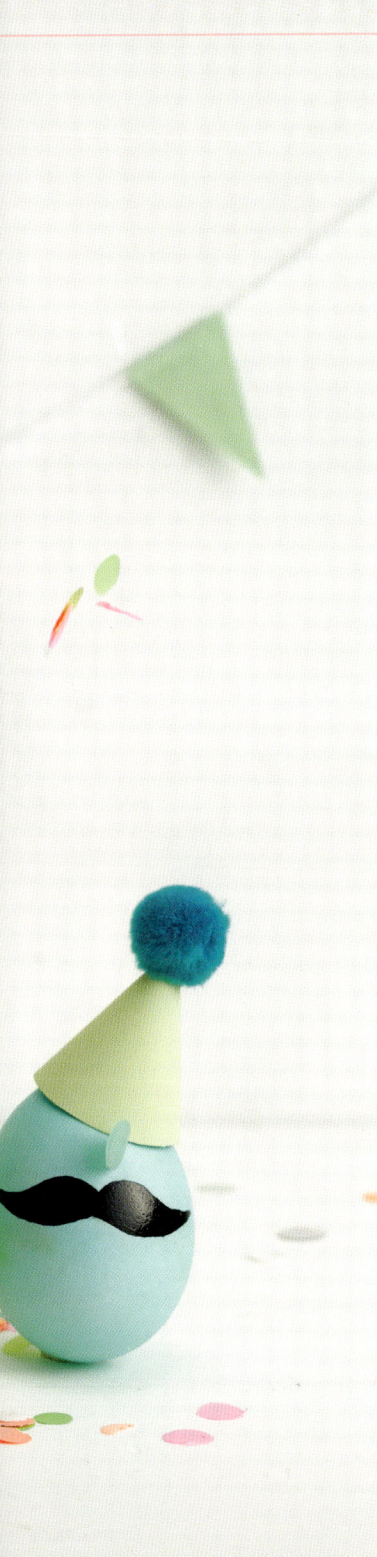

Schnurrbart-Eier

mit Partyhüten

MOTIVHÖHE
ca. 8 cm

MATERIAL
- 5 hartgekochte Eier in Weiß
- Lebensmittelfarbe in Gelb, Rot, Orange, Hellgrün und Hellblau
- Essig

- Permanentmarker in Schwarz
- Fotokarton in Rosa, Gelb, Hellgrün, Blau und Mint
- Pompons in Blau, Hellblau, Pink, Grün und Gelb, ø 1 cm

VORLAGE
Seite 46

1   Die Eier mit den verschiedenen Lebensmittelfarben färben. Um pastellfarbene Eier zu erhalten, tauchen Sie die Eier nur kurz in das gefärbte Essigwasser und lassen sie anschließend auf einem Stück Küchenkrepp abtropfen.

2   Die Hüte nach Vorlage ausschneiden. Die Hüte zu einem Kegel formen und die überlappenden Stellen mit Heißkleber zusammenkleben. Einen Pompon an die Hutspitze kleben und die Hüte mit Heißkleber an den Eiern fixieren.

3   Die Schnurrbärte mit Bleistift von der Vorlage auf die Eier übertragen. Die Kontur mit Fineliner in Schwarz vorzeichnen und die Bärte mit einem schwarzen Permanentmarker ausmalen.

Mümmelmänner

aufgetupft

MOTIVHÖHE
ca. 6 cm

MATERIAL
- 5 hartgekochte Eier in Weiß
- Lebensmittelfarbe in Lila, Rosa, Orange, Grün und Blau
- Essig
- Etiketten, wiederabziehbar
- Fineliner in Schwarz, 0,3 mm

VORLAGE
Seite 47

1 Die Eier mit Lebensmittelfarbe und einem EL Essig auf 0,2 l Wasser in Pastelltönen färben. Je kürzer die Eier im Farbbad verweilen, desto pastelliger wird der Farbton.

2 Die Eier herausnehmen und auf einem Stück Küchenkrepp trocknen lassen.

3 Die Hasenkonturen von der Vorlage auf wiederabziehbare Etiketten zeichnen und ausschneiden. Die Etiketten mittig auf dem Ei positionieren und mit einem Fineliner um den Aufkleber herum mehrere Punkte tupfen. Achten Sie dabei besonders darauf, rings um den Aufkleber dichte Punkte zu setzen, damit die Hasenform anschließend auch gut erkennbar ist.

4 Die Eier nochmals gut trocknen lassen und die Aufkleber vorsichtig abziehen.

Mein Tipp für Sie

Vielfalt Sie können auch verschiedene Konturen wie z. B. Hühner, Enten etc. auf diese Weise auf die Eier malen. Auch mit Buchstabenaufklebern funktioniert diese Technik prima.

FROHE OSTERN

Piñata-Party-Eier

im Osterstrauß

MOTIVHÖHE

ca. 20 cm

MATERIAL

- 5 Eier in Weiß
- Krepppapier in Helllila, Hellblau, Gelb, Orange, Rosa und Hellgrün
- Klebestift
- Pompons in Rosa, Mint, Hellblau und Hellgelb, ø 12 mm
- Satinband in Hellgrün, Rosa, Mint und Hellgelb, 6 mm breit
- Heißkleber
- Baumwollschnur in Weiß
- Nadel mit breitem Nadelöhr

1 Die weißen Eier zunächst auspusten, mit warmem Wasser und Spülmittel auswaschen und trocknen lassen.

2 Von den Krepppapierrollen ca. 1,5 cm breite Streifen abschneiden. Die Streifen im Abstand von 0,5 cm etwas einschneiden und anschließend auseinanderfalten.

3 An der unteren Öffnung mit dem Umwickeln des Eis starten. Ringsum die Öffnung etwas Kleber auftragen und den Krepppapierstreifen vorsichtig andrücken. Arbeiten Sie sich nun Runde für Runde langsam nach oben. Nach 1,5–2 cm beginnen Sie mit der nächsten Farbe des Krepppapiers. Verwenden Sie insgesamt 4–5 unterschiedliche Farben zur Gestaltung der Eier und enden Sie um die obere Eiöffnung.

4 Verschiedenfarbige Satinbandstreifen auf eine Länge von ca. 10 cm zuschneiden. Die Bänder übereinanderlegen und alle Spitzen an einem Ende mit einer 30 cm langen Baumwollschnur zusammenknoten.

5 Das lange Stück der Baumwollschnur durch eine Nadel fädeln und anschließend von unten einmal durch das Ei hindurchfädeln. Zum Schluss mithilfe der Nadel einen Pompon auffädeln und das Ei dann an der verbleibenden Schnur am Osterstrauß aufhängen.

Frühlingserwachen

und Kerzenschein

MOTIVHÖHE
ca. 20 cm

MATERIAL
- 10-er Eierkarton
- Acrylfarbe in Weiß
- hartgekochtes Ei in Weiß
- 9 rohe Eier in Weiß
- Wachs in Weiß

- Kerzendocht
- Sukkulenten
- Schaschlikspieße
- Schnur, ca. 35 cm lang
- Masking Tape in verschiedenen Farben
- Acrylfarbe in Helllila und Lila
- Buchstabenaufkleber in Gold

1 Zuerst den Deckel eines 10-er Eierkartons abschneiden und den unteren Teil mit weißer Acrylfarbe bemalen, gut trocknen lassen.

2 Das obere Drittel der rohen Eier abschlagen, leeren und die Eier anschließend gründlich reinigen. Das hartgekochte Ei bleibt ganz.

3 Alle Eier mit Acrylfarbe in verschiedenen Lilatönen bemalen und trocknen lassen. Bepflanzen Sie fünf der Eier mit verschiedenen, kleinen Sukkulenten.

4 Für die Kerzen-Eier etwas Wachs in einem Wasserbad schmelzen. Den Docht mit Heißkleber in die Eierschale kleben, das Wachs vorsichtig einfüllen und erkalten lassen.

5 Das hartgekochte Ei mit goldenen Buchstabenaufklebern bekleben. Am einfachsten geht das mit einer Pinzette.

6 Eine ca. 35 cm lange Schnur an die Enden zweier Schaschlikspieße knoten. Das Masking Tape doppelt über die Schnur kleben und mit einer Schere Zacken in das Tape schneiden, sodass kleine Wimpel entstehen. Den Eierkarton mit der Wimpelkette dekorieren.

Maskenball

im Osternest

MOTIVHÖHE
ca. 6 cm

MATERIAL
- 4 hartgekochte Eier in Weiß und Braun
- alte Buchseiten
- Tonpapier in Weiß, DIN A4
- Revolverlochzange
- Klebestift
- Alleskleber
- Baumwollschnur

VORLAGE
Seite 47

1 Um die weißen oder braunen hartgekochten Eier mit einer Hasenmaske zu dekorieren, kleben Sie zunächst alte Buchseiten mit Klebestift flächig auf ein Stück Tonpapier.

2 Die Hasenmaske inklusive der Details von der Vorlage auf die Buchseiten übertragen und ausschneiden. Für die Augen der Maske mit einer Revolverlochzange zwei 3,5 mm große Löcher stanzen.

3 An den Seiten der Maske zwei 2 mm große Löcher stanzen. Hier wird später die Schnur zum Festbinden der Masken befestigt.

4 Aus weißem Tonpapierrest 10 cm x 0,2 cm lange Streifen schneiden und jeweils drei Streifen als Schnurrhaare versetzt übereinander kleben. Die Schnurrhaare anschließend mittig mit Alleskleber auf den Hasenmasken anbringen.

5 Ein ca. 15 cm langes Stück Schnur zuschneiden, ein Ende durch eines der seitlichen Löcher fädeln und festknoten. Die Schnur um das Ei legen, die Hasenmaske festziehen, das andere Ende wieder durch das gegenüberliegende Loch fädeln und festknoten.

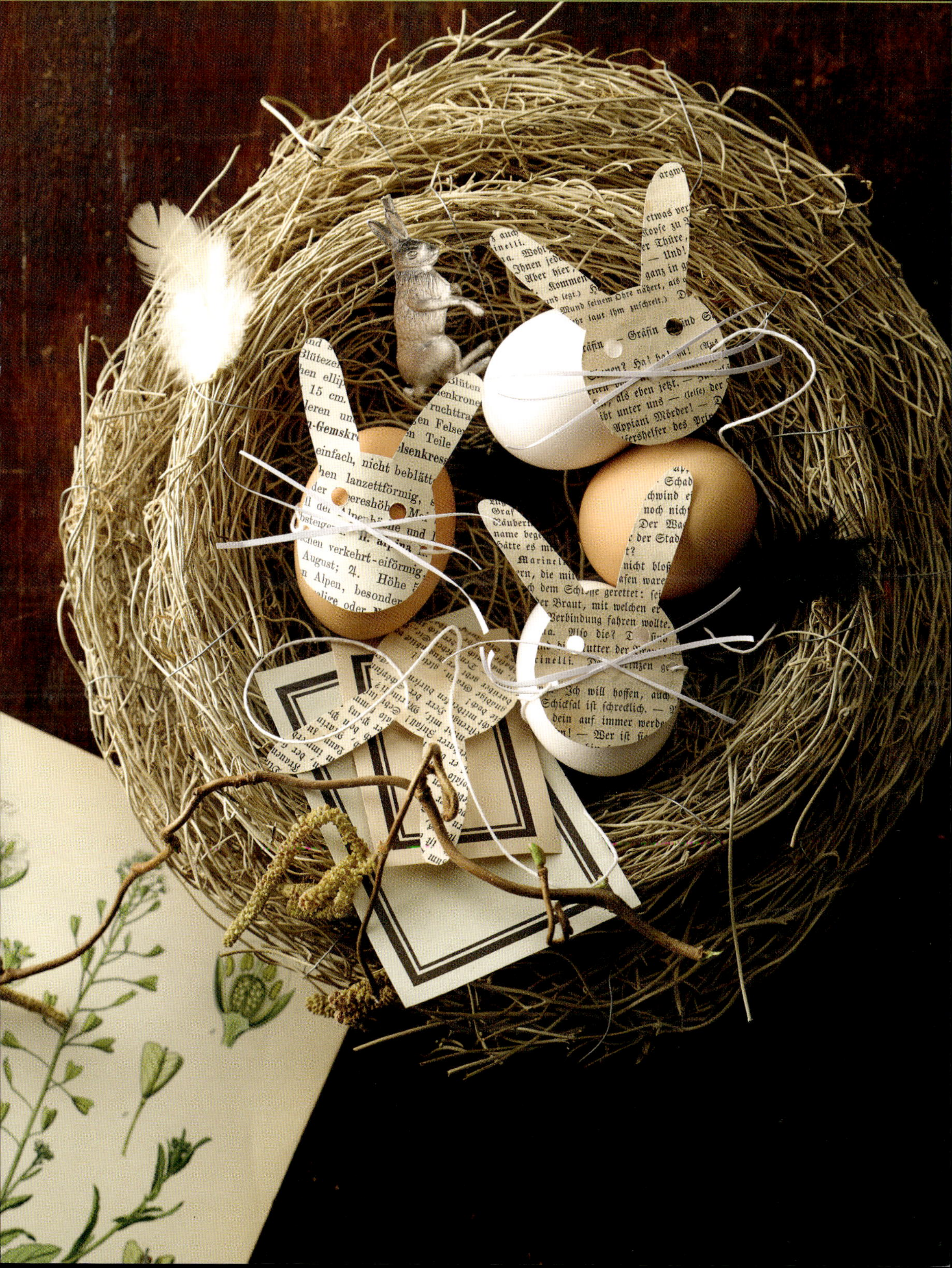

Süße Donuts und leckeres Eis

mit Zuckerstreuseln

MOTIVHÖHE
ca. 6 cm und 10 cm

MATERIAL
- 10 hartgekochte Eier in Weiß
- Acrylfarbe in Hellrosa, Pink, Lila, Türkis, Mint, Beige und Gelb
- 3x 6-er Eierkartons
- Permanentmarker in Blau, Rot, Gelb, Rosa und Pink
- Heißkleber
- Klebepunkte, ø 10 mm
- Masking Tape

1 Für die Donuts oben mittig auf das Ei einen Klebepunkt kleben. Das obere Drittel des Eis mit Masking Tape ringsherum abkleben. Anschließend den Raum zwischen Klebepunkt und Masking Tape mit Acrylfarbe bemalen und gut trocknen lassen.

2 Den Klebepunkt und das Masking Tape vorsichtig abziehen und den Donuts mit bunten Permanentmarkern Streusel aufmalen.

3 Für das Eis das obere Drittel der Eier mit Acrylfarbe bemalen. Am einfachsten ist es, Sie zeichnen den Eisverlauf zunächst mit Bleistift auf das Ei und malen diesen dann aus.

4 Die Farbe trocknen lassen und auch hier mit bunten Permanentmarkern Streusel aufmalen.

5 Für die Eistütchen die Spitzen aus zwei der Eierkartons herausschneiden und mit Acrylfarbe in Beige bemalen. Trocknen lassen. Anschließend die Eier mit Heißkleber in die Eishörnchen kleben und die Donuts in der anderen Eierschachtel arrangieren.

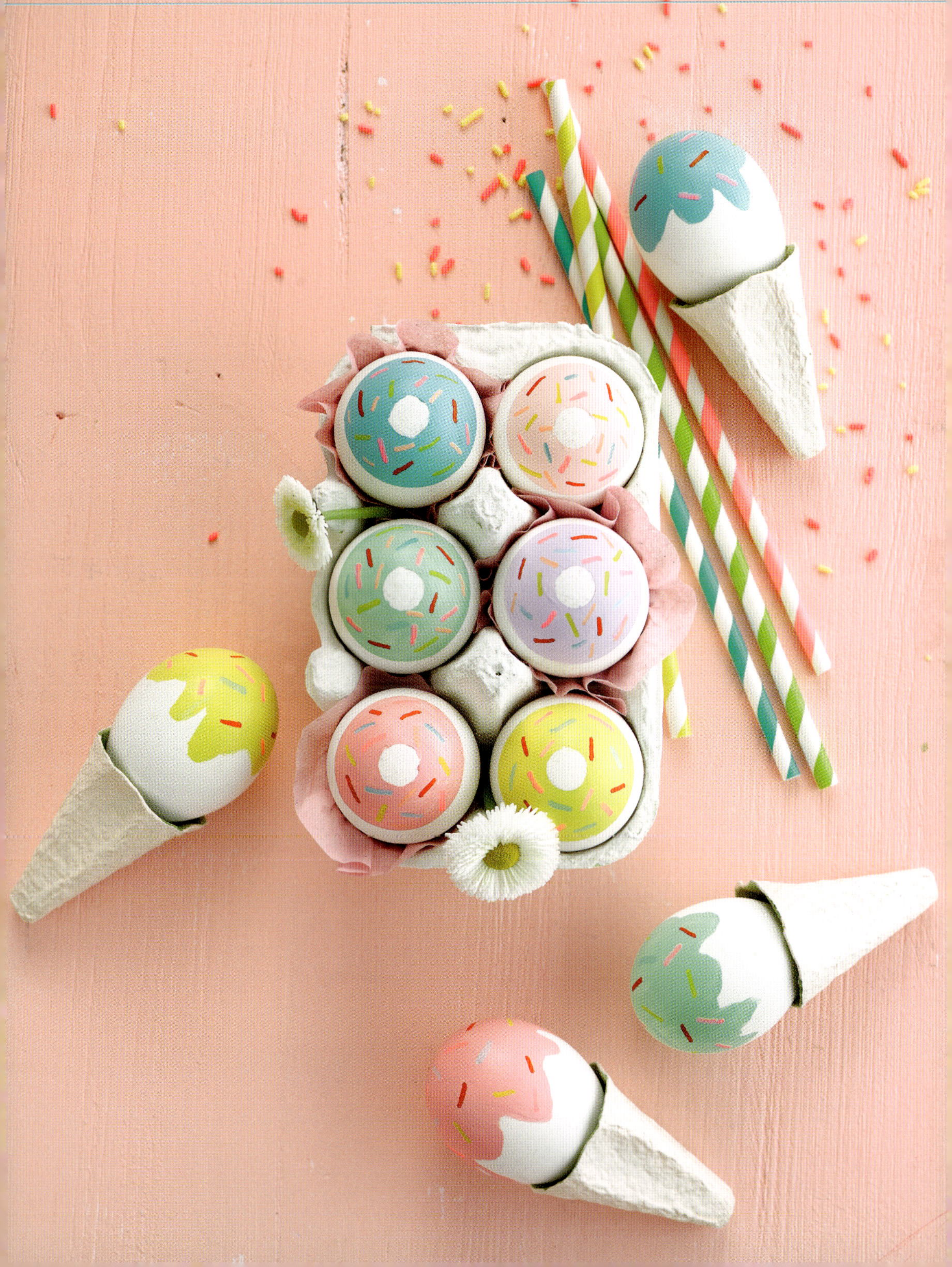

Dekorative Hängevasen

für allerlei Frühlingsblumen

MOTIVHÖHE
ca. 20 cm

MATERIAL
- 6 rohe Eier in Weiß
- Pastell-Farbspray in Gelb, Rosa, Hellgrün, Hellblau und Flieder
- Klebepunkte in Weiß, ø 8 mm
- Satinbänder in Hellgrün, Mint, Orange, Pink und Gelb, 6 mm breit
- Klebestift
- Frühlingsblumen

1 Das obere Drittel von sechs rohen Eiern abschlagen, die Eier leeren und den größeren Teil gründlich mit warmem Spülwasser reinigen.

2 Die Eier gut trocknen lassen, auf einen Schaschlikspieß stecken, mit Pastellspray einfärben und erneut gut trocknen lassen.

3 30 cm lange Streifen Satinband zuschneiden. Die Mitte der Bänder mit einem Klebestift einstreichen und die Bänder rund um die Eier kleben, sodass eine Art Körbchen entsteht. Die Satinbandenden verknoten.

4 Die Eier nach Belieben mit den Klebepunkten dekorieren, die Vasen mit etwas Wasser und kleinen Frühlingsblümchen befüllen.

Mein Tipp für Sie

Überraschung Sie können die Hängeeier auch mit kleinen Figuren oder Süßigkeiten befüllen und Ihre Lieben überraschen!

Karl, die Kresseraupe

ein fröhlicher Geselle

MOTIVHÖHE
ca. 9 cm

MATERIAL
- 6 rohe Eier in Weiß
- Sprühfarbe in Hellgrün
- 24 Holzperlen in Weiß, ø 12 mm
- Fotokarton in Hellgrün und Grün
- Klebepunkte in Pink, ø 7 mm und Weiß, ø 12 mm
- Chenilledraht in Gelb
- 2 Holzperlen in Grün, ø 12 mm
- Permanentmarker in Rot und Schwarz
- Heißkleber
- Kresse

VORLAGE
Seite 47

1 Das obere Drittel von sechs rohen Eiern abschlagen, die Eier leeren und den größeren Teil gründlich mit warmem Spülwasser reinigen.

2 Die Eier gut trocknen lassen, auf einen Schaschlikspieß stecken, mit grüner Sprühfarbe einfärben und erneut trocknen lassen.

3 Je vier weiße Holzperlen mit Heißkleber an der Eiunterseite befestigen. Achten Sie dabei darauf, dass Sie die Perlen gleichmäßig positionieren, damit die Raupe später sicher steht.

4 Die Gesichtszüge der Raupe anhand der Vorlage auf den hellgrünen und grünen Fotokarton übertragen und ausschneiden. Den Kopf der Raupe anschließend zusammenkleben.

5 Die Klebepunkte für Augen und Wangen aufkleben. Den Mund und die Pupillen mit Permanentmarker aufzeichnen.

6 Vom Chenillendraht ein ca. 10 cm langes Stück abschneiden und etwas biegen. Die grünen Holzperlen mit etwas Heißkleber an den Drahtenden anbringen und die Fühler dann von hinten am Raupenkopf befestigen. Den Raupenkopf an einem der Eier befestigen und alle übrigen Eier mit etwas Kresse befüllen. Die Eier hintereinander arrangieren.

Frisch geschlüpfte Küken
erobern die Welt

MOTIVHÖHE
ca. 40 cm

MATERIAL
- 6 rohe Eier in Weiß
- Prickelnadel
- Satinband in Rosa, 6 mm breit
- Baumwollschnur in Pink
- Heißkleber
- 8 Chenille-Küken in verschiedenen Farben, ca. 3 cm groß
- bunte Holzperlen, ø 6 mm
- Holzkleiderbügel in Weiß

1 Mit einer Prickelnadel mittig ein Loch in die Eier stechen und dieses vorsichtig erweitern, bis es eine Größe von ca. 3 cm x 3 cm erreicht hat. Das Ei entleeren, mit warmem Spülwasser gründlich reinigen und auf einem Stück Küchenkrepp trocknen lassen.

2 Rosafarbenes Satinband in drei ca. 12 cm lange Stücke schneiden, die Bänder übereinanderlegen und mittig mit der Baumwollschnur in Pink zusammenknoten. Die Satinbänder unterhalb des Knotens zusätzlich mit etwas Heißkleber zusammenkleben, sodass eine Tassel entsteht. Fertigen Sie für jedes Ei eine Tassel auf die gleiche Weise.

3 Die Tasseln mit Heißkleber von unten an den Eiern befestigen. Mit einer Prickelnadel oben mittig ein Loch in die Eier stechen. Ein 20 cm langes Stück Baumwollschnur von innen durch das Loch fädeln und auf der Innenseite mit einem Mehrfach-Knoten sichern. Zum Schluss die Perlen auf die Baumwollschnur fädeln, die Eier am Kleiderbügel aufhängen und die Chenille-Küken in den Eiern arrangieren.

Schmuckstücke

bezaubernde Tischdekoration

MOTIVHÖHE
ca. 6 cm

MATERIAL
- 6 Eier in Weiß
- Lebensmittelfarbe in Pink
- Blattgold
- Anlegemilch
- Überlack für Blattmetall
- Pinsel
- Essig

1 Die Eier zunächst hart kochen. Alternativ können Sie auch ausgepustete Eier verwenden. Färben Sie die Eier anschließend in verschiedenen Rosatönen. Dazu die Eier unterschiedlich lange in ein pinkes Farbbad aus Lebensmittelfarbe, Wasser und Essig legen.

2 Die Eier herausnehmen und auf einem Stück Küchenkrepp trocknen lassen. Mit einem Pinsel stellenweise etwas Anlegemilch auftragen und diese ebenfalls 20–30 Minuten trocknen lassen.

3 Das Blattgold auf die mit Anlegemilch bestrichenen Stellen drücken und das Trägerpapier vorsichtig abziehen. Das Blattgold mit einem Pinsel glattstreichen. Überschüssiges Blattgold können Sie mit einem Papiertuch entfernen.

4 Abschließend fixieren Sie das Blattgold, indem Sie zusätzlich den Überlack mit einem Pinsel auftragen. Die Eier gut trocknen lassen, bevor Sie die Dekoration arrangieren.

Feine Badedamen

mit Schwimmhauben

MOTIVHÖHE
ca. 6 cm

MATERIAL
- 5 Eier in Weiß
- Luftballons in Gelb, Orange, Rosa, Grün und Blau
- Permanentmarker in Blau, Rot, Rosa und Weiß
- Satinblümchen in Rosa und Hellrosa, ø ca. 1 cm
- Alleskleber

1 Für diese Ostereier-Dekoration zunächst fünf weiße Eier in kochendem Wasser hart kochen und abkühlen lassen.

2 Von einem Luftballon ein Drittel mitsamt der Öffnung gerade abschneiden. Ein Ei verkehrt herum, mit der dickeren Seite nach oben zeigend, auf ein kleines Schnapsglas stellen. Den Luftballon an der Öffnung auseinanderziehen und dann über das Ei streifen. Achten Sie dabei darauf, dass der Ballon schön straff sitzt.

3 Mit Permanentmarkern Augen, Mund und Wangen aufmalen und zum Schluss mit Alleskleber jeweils zwei Satinblümchen an die Badekappen kleben und trocknen lassen.

Glücksei

mit Botschaft

MOTIVHÖHE
ca. 6 cm

MATERIAL
- 3 rohe Eier in Weiß
- Sprühlack in Rot, Gelb und Blau
- Masking Tape, 5 mm breit
- Fineliner in Schwarz
- Tonpapier in Weiß

1 Die Eier auspusten, gründlich mit Spülmittel reinigen und trocknen lassen. Das Masking Tape einmal mittig rings um das Ei kleben.

2 Die Eier als Nächstes mit Acrylfarbe bemalen. Dazu stecken Sie diese am besten auf Schaschlikspieße. Lassen Sie die Eier auch auf den Spießen trocknen, so bleibt die Farbe schön gleichmäßig und bekommt keine Flecken.

3 Nachdem die Farbe getrocknet ist, das Masking Tape vorsichtig wieder abziehen. Eine kleine Nachricht oder einen Gutschein auf einen schmalen Papierstreifen schreiben und zusammengerollt durch die obere Öffnung ins Ei stecken.

Mein Tipp für Sie

Vergrößern Das Loch für Ihre Glücksnotiz können Sie mit einer Stecknadel oder einem Zahnstocher etwas erweitern, sollte es zu klein sein, um Ihre Botschaft im Ei zu verstecken.

Umgarnte Eier

in leuchtenden Farben

MOTIVHÖHE
ca. 7 cm

MATERIAL
- 4 rohe Eier in Weiß
- je 2 Holzperlen in Grün, Gelb, Blau und Rosa, ø 12 mm
- 4 Zahnstocher
- Bastelkleber
- Nähgarn in Grün, Gelb, Hellblau und Pink

1 Pusten Sie die Eier zunächst aus und verdecken Sie die Löcher am oberen und unteren Ende der Eier anschließend mit je einer Holzperle. Stecken Sie dafür je einen Zahnstocher durch die Eier und kleben Sie an beiden Seiten mit Bastelkleber eine Holzperle auf.

2 Knoten Sie nun farbiges Garn mit einer Schlinge an der oberen Perle des Eis fest und führen Sie den Faden immer wieder zwischen den beiden Perlen oben und unten entlang um das Ei. Das Fadenende an einer der Holzkugeln festknoten.

Mein Tipp für Sie

Farbenfroh Färben Sie die Eier vor dem Umwickeln bunt ein und wählen Sie das Nähgarn dann in einer Kontrastfarbe. So können Sie weitere tolle Effekte erzielen!

Regenbogenbunt

von blau bis pink

MOTIVHÖHE
ca. 6 cm

MATERIAL
- 20 Eier in Weiß
- kleine Gläser, ca. 0,2 l
- Lebensmittelfarbe in Rosa, Rot, Orange, Grün und Hellblau
- Essig
- Küchenkrepp

1 Kochen Sie die Eier für diesen ungewöhnlichen Streifenlook zunächst in heißem Wasser hart.

2 In der Zwischenzeit die Farbbäder vorbereiten: Dafür möglichst kleine Gläser oder Pappbecher mit 50 ml Wasser füllen, 1 EL Essig zugeben und die Lebensmittelfarben unterrühren, bis sie sich gut verteilt haben. Je kräftiger die Farbe werden soll, desto mehr Lebensmittelfarbe müssen Sie hinzufügen. Für Pastelltöne reicht ein kleiner Klecks aus.

3 Das noch heiße Ei für ca. 1 Minute ins Farbbad legen. Es sollte zu ca. einem Drittel von der Farbe bedeckt sein. Anschließend etwas Wasser hinzufügen, sodass die Farbe beim nächsten Farbdurchgang heller wird. 30–60 Sekunden warten und das Ganze wiederholen, bis das Ei vollständig gefärbt ist.

Küken-Kindergarten

und glückliches Piepen

MOTIVHÖHE
ca. 6 cm

MATERIAL
- 9 Eier in Weiß
- Lebensmittelfarbe in Gelb
- Fotokarton in Orange
- Heißkleber
- Federn in Gelb
- Permanentmarker in Schwarz

VORLAGE
Seite 47

1 5 weiße Eier hart kochen und abkühlen lassen. Die Eier anschließend in verschiedenen Gelbtönen färben. Lassen Sie die Eier dafür unterschiedlich lange im Farbbad liegen. Auf einem Stück Küchenkrepp abtropfen und trocknen lassen.

2 4 Eier mittig aufschlagen. Das Eiweiß und das Eigelb in einer Schüssel auffangen, beides können Sie später zum Backen oder Kochen verwenden. Die aufgeschlagenen Eihälften gründlich reinigen und trocknen lassen.

3 Die aufgeschlagenen Eierschalen als Hut oder Nest mit Heißkleber an die gefärbten, gelben Eier kleben. Aus Fotokartonresten nach Vorlage kleine Schnäbel ausschneiden, mittig falten und mit der Faltkante an das Ei kleben. Gelbe Federn an die Kükenköpfe ohne Hütchen ankleben. Zum Schluss mit schwarzem Permanentmarker Augen aufmalen.

Österliche Hingucker

leuchtend pink

MOTIVHÖHE
ca. 15 cm

MATERIAL

- 3 Eier in Weiß
- Farbspray Neonpink
- Stickgarn in Weiß und Neonpink
- Holzperle in Weiß, ø 8 mm
- Holzperle in Rosa, ø 10 mm
- Sticknadel, 7 cm lang
- Papperest

1 Die Eier zunächst auspusten, mit etwas Spülmittel gründlich reinigen und trocknen lassen. Die Eier dann auf einen Schaschlikspieß stecken, die untere Ei-hälfte mit Farbspray in Neonpink besprühen und trocknen lassen.

2 Für die Tassel ein weißes Stickgarn 10-mal um ein ca. 5 cm langes Pappestück wickeln. Ein 30 cm langes Stickgarnstück mittig durch das aufgewickelte Garn zie-hen und verknoten (siehe hintere Umschlagklappe).

3 Den ganzen Strang mit Stickgarn in Pink unterhalb des Knotens nochmals mehrfach umwickeln und die Enden verknoten. Die Schlaufen der Tassel unten aufschneiden.

4 Den langen Faden durch eine Sticknadel fädeln und diese wiederum von un-ten nach oben durch das Ei führen. Zwei Holzperlen auffädeln und das Band an-schließend als Aufhängung verknoten.

> **Mein Tipp für Sie**
>
> Kleine Botschaft Wenn Sie möchten, können Sie mit einem Etikettiergerät zusätzlich Nachrichten für die Ostereier gestalten.

Freche Hasenbande

spielt vergnügt

MOTIVHÖHE
ca. 10–12 cm

MATERIAL
- 6 Eier in Weiß
- Lebensmittelfarbe in Blau und Rosa
- Essig
- Tonpapierreste in Rosa, Hellblau und Weiß
- Permanentmarker in Weiß, Schwarz und Rosa
- Klebestift
- Heißkleber

VORLAGE
Seite 47

1 Zunächst die Eier für ca. 10 Minuten hart kochen. 100 ml Wasser und 1 EL Essig zusammen mit blauer oder rosafarbener Lebensmittelfarbe in einem Glas (0,2 l) verrühren.

2 Das noch heiße Ei hinzugeben und bis zur gewünschten Färbung im Farbbad ruhen lassen. Für zarte Pastelltöne darf das Ei nur ganz kurz im Farbbad bleiben.

3 Die Eier herausnehmen und auf einem Stück Küchenkrepp oder auf vier Zahnstochern, die in einer Styropor®-Platte stecken, trocknen lassen. So verhindern Sie, dass die Farbe fleckig wird.

4 In der Zwischenzeit die Ohren nach Vorlage aus Tonpapier ausschneiden. Für jedes Ohr zwei verschiedene Farbtöne verwenden und die beiden Ohrteile mit Klebestift übereinander kleben. Einen ca. 1 cm breiten Steg an der Unterseite der Ohren nach hinten umknicken.

5 Etwas Heißkleber auf den Steg geben und die Ohren an das Ei kleben. Nehmen Sie das Ei dafür längs oder quer, je nachdem welchen Osterhasen Sie herstellen möchten. Abschließend mit Permanentmarkern die Gesichtszüge aufmalen.

Vorlagen

Vorlagen übertragen

1 Legen Sie ein Stück Transparentpapier auf die Vorlage und fixieren Sie es mit einer Büroklammer. Anschließend zeichnen Sie die Umrisse mit einem weichen Bleistift nach.

2 Das Transparentpapier wenden und die Umrisse der Vorlage nochmals kräftig nachfahren.

3 Wenden Sie das Transparentpapier erneut und legen Sie es auf den Fotokarton auf. Fahren Sie die Konturen der Vorlage ein weiteres Mal nach. Auf diese Weise überträgt sich der auf der Rückseite haftende Bleistiftgrafit auf das Papier.

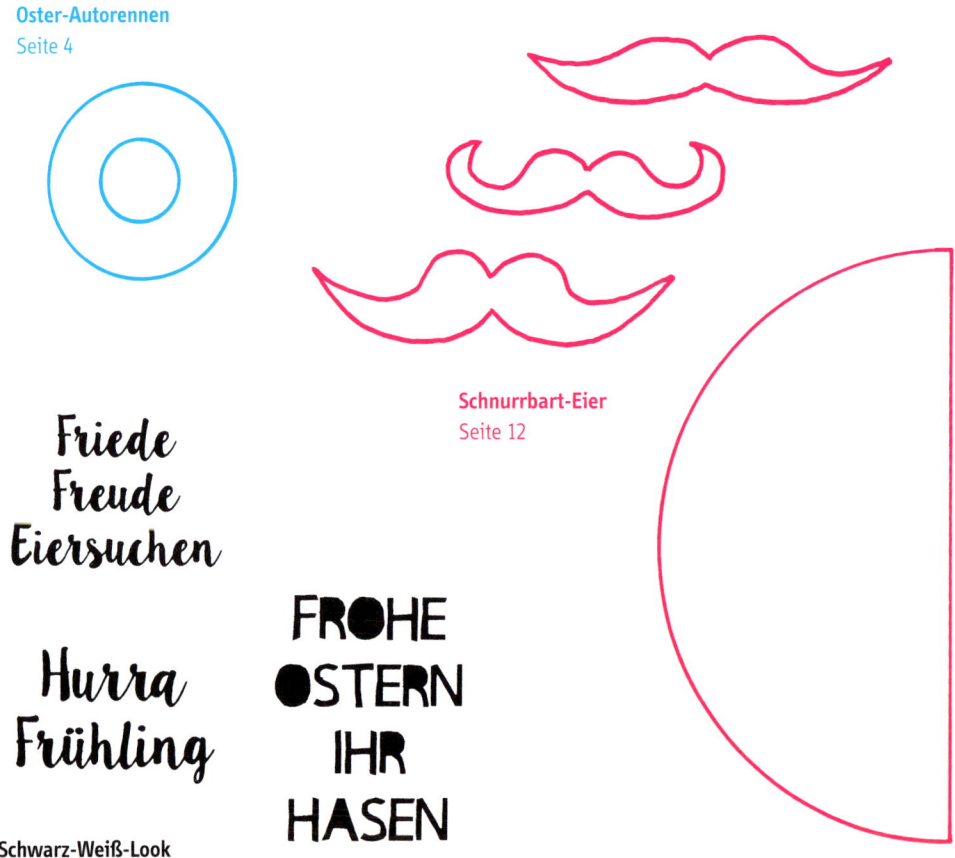

Oster-Autorennen
Seite 4

Schnurrbart-Eier
Seite 12

Friede
Freude
Eiersuchen

Hurra
Frühling

Schwarz-Weiß-Look
Seite 6

FROHE
OSTERN
IHR
HASEN

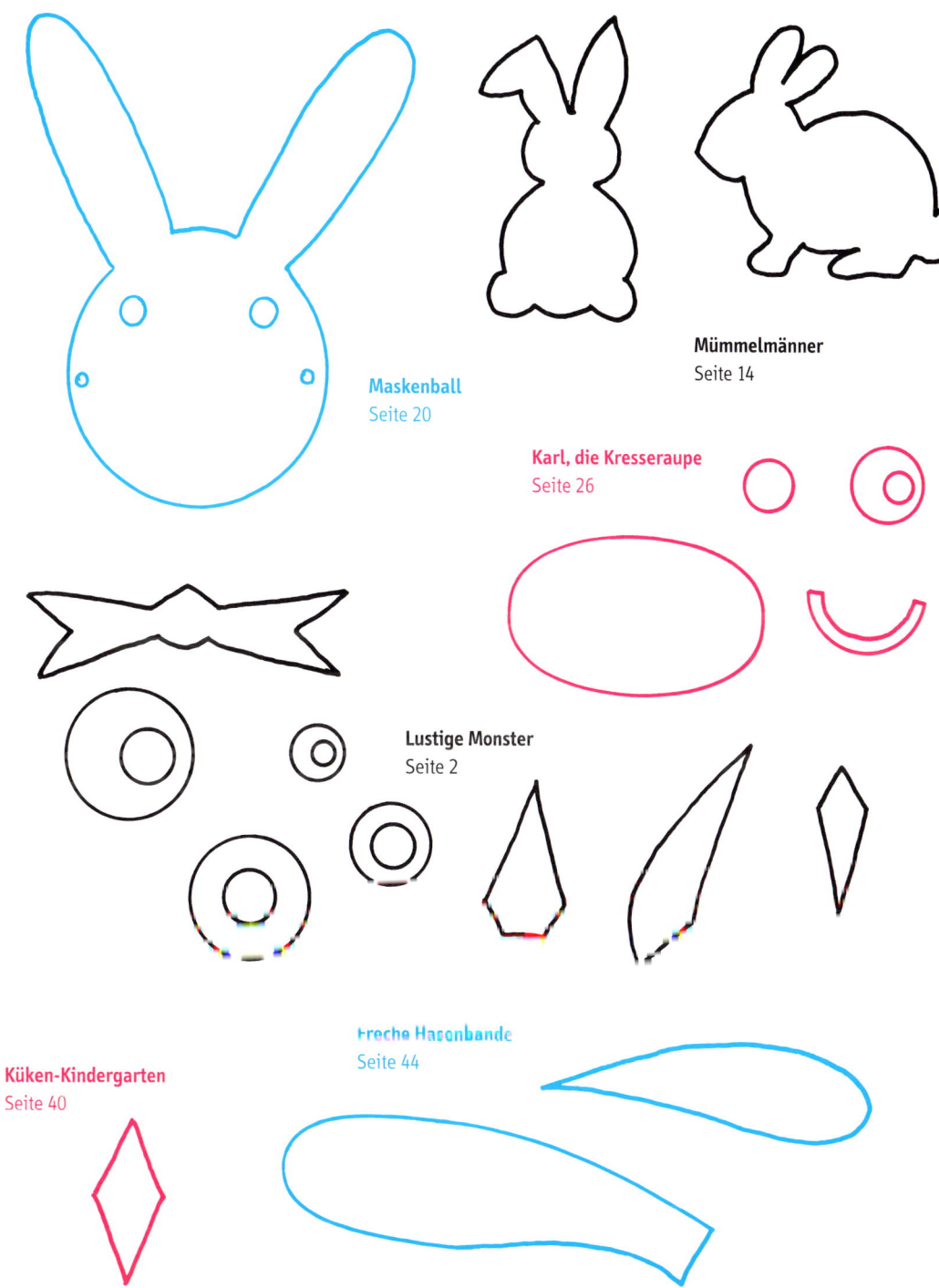

Maskenball
Seite 20

Mümmelmänner
Seite 14

Karl, die Kresseraupe
Seite 26

Lustige Monster
Seite 2

Freche Hasenbande
Seite 44

Küken-Kindergarten
Seite 40

Pia Deges hat Film- und Fernseh-wissenschaften studiert und lan-ge als TV-Redakteurin gearbeitet. Seit einigen Jahren lebt sie ihre Leidenschaft für Food-, DIY- und Gartenthemen als Autorin aus. Über diese Themen bloggt sie auch unter wundertütchen.de

DANKE!

Wir danken der Firma Rayher Hobby GmbH, Laupheim; Rico De-sign GmbH, Brakel; Efco Creative GmbH, Rohrbach; edding Vertrieb GmbH, Wunstorf und Molotow™, Lahr/Schwarzwald, www.molotow. com für die freundliche Bereit-stellung von Materialien!

TOPP – Unsere Servicegarantie

WIR SIND FÜR SIE DA! Bei Fra-gen zu unserem umfangreichen Programm oder Anregungen freuen wir uns über Ihren Anruf oder Ihre Post. Loben Sie uns, aber scheuen Sie sich auch nicht, Ihre Kritik mitzuteilen – sie hilft uns, ständig besser zu werden.

Bei Fragen zu einzelnen Materia-lien oder Techniken wenden Sie sich bitte an unseren Kreativ-service, Frau Erika Noll.
mail@kreativ-service.info
Telefon 0 50 52 / 91 18 58

Das Produktmanagement erreichen Sie unter:
produktmanagement@frech-verlag.de oder:
frechverlag
Produktmanagement
Turbinenstraße 7
70499 Stuttgart
Telefon 07 11 / 8 30 86 68

LERNEN SIE UNS BESSER KEN-NEN! Fragen Sie Ihren Hobby-fach- oder Buchhändler nach unserem kostenlosen Magazin **Meine kreative Welt.** Darin ent-decken Sie dreimal im Jahr die neuesten Kreativtrends und inter-essantesten Buchneuheiten.

Oder besuchen Sie uns im Inter-net! Unter **www.topp-kreativ.de** können Sie sich über unser um-fangreiches Buchprogramm infor-mieren, unsere Autoren kennen-lernen sowie aktuelle Highlights und neue Kreativtechniken ent-decken, kurz – die ganze Welt der Kreativität.

Kreativ immer up to date sind Sie mit unserem monatlichen **Newsletter.** Für aktuelle Infos, Gratis-Anleitungen und Gewinn-spiele gleich anmelden unter www.TOPP-kreativ.de/Newsletter

IMPRESSUM

FOTOS: frechverlag GmbH, 70499 Stuttgart; lichtpunkt, Michael Ruder, Stuttgart; Pia Deges (alle Arbeitsschrittfotos)
PRODUKTMANAGEMENT UND LEKTORAT: Lara Schaufler
GESTALTUNG: Tatjana Ströber
DRUCK: PNB Print Ltd, Lettland

1. Auflage 2019

© 2019 **frechverlag** GmbH, Turbinenstraße 7, 70499 Stuttgart

ISBN 978-3-7724-4288-9 • Best.-Nr. 4288